识繁写简 识简写繁

SHIFAN
XIEJIAN
SHIJIAN
XIEFAN

历史故事·神话故事卷

《识繁写简 识简写繁》
编写组 编著

山东城市出版传媒集团·济南出版社

图书在版编目（CIP）数据

识繁写简　识简写繁.历史故事、神话故事卷 /《识繁写简　识简写繁》编写组编著.—济南：济南出版社，2024.1

（中国汉字识读启蒙丛书）

ISBN 978-7-5488-5981-9

Ⅰ.①识… Ⅱ.①识… Ⅲ.①汉字－青少年读物 Ⅳ.①H12-49

中国国家版本馆CIP数据核字（2023）第243831号

识繁写简 识简写繁（历史故事、神话故事卷）

《识繁写简 识简写繁》编写组　编著

出 版 人	田俊林
图书策划	赵志坚　刘春艳
责任编辑	赵志坚　李文文　孙亚男　刘春艳
封面设计	谭 正
版式设计	刘欢欢
封面绘图	王桃花

出版发行	济南出版社
地　　址	济南市市中区二环南路1号（250002）
总 编 室	（0531）86131715
印　　刷	山东联志智能印刷有限公司
版　　次	2024年1月第1版
印　　次	2024年1月第1次印刷
成品尺寸	170 mm×240 mm　16开
印　　张	7
字　　数	61千字
定　　价	35.00元

（如有印装质量问题，请与出版社出版部联系调换，联系电话：0531-86131716）

编委会

主　　任　傅永和

编　　委　李行健　张一清　李志华

　　　　　许琪萍　南保顺　董　杰

执行主编　董　杰

朗　　诵　柏玉萍

致读者

亲爱的读者朋友：

　　汉字，不但字形美观、字音有趣，而且有着悠久的历史。体态优美的汉字，就像一位俏皮灵动的小精灵，在纸上跳着欢快的舞蹈。每个汉字都"深藏不露"，都有它独特的来历和含义，蕴涵着丰富的文化思想……汉字是中华民族的智慧结晶，是中国的无价之宝！

　　本丛书共6册，将简体、繁体相互对照，以儿歌、童谣、韵文、蒙学、古诗、故事等多种文学体裁的中华优秀传统文化为载体，辅以"汉字变变变""汉字小游戏""诗词小游戏""佳作共赏析""拓展小天地"等栏目，让读者在阅读中认识汉字的发展演变、熟悉简繁体的对照，从而真切感受中华优秀传统文化的魅力，提升文学素养，培养优秀品德。

　　本丛书对汉字最主要的表现形式是简体字与繁体字的对照。无论是生活在祖国大陆的读者，还是生活在港、澳、台的读者，甚至是海外华侨，都能以自己熟悉的字形轻松阅读，还能互相沟通交流，有利于提升对中华文化的认同感和归属感。

　　本丛书依据《现代汉语词典》（第7版）和《规范字与繁体字、异体字对照表》进行简体字、繁体字的转换，不表现异体字。有个别汉字在字义不同时表现的繁体字形也不同，如："范"在作姓氏时写作"范"，在表现"模子、模范、范围、限制"含义时，繁体字则写作"範"；"才"作"才能、人才"之义时写作"才"，作副词时，繁体字则写作"纔"。

　　本丛书遵循在语言环境中识字的原则，借鉴了"字不离词、词不离句、句不离篇"的传统识字经验，把学习简体字、繁体字与学词、学句、阅读紧密结合，设置了"在文章中识汉字、在栏目中学演变、在游戏中练拓展"的识字模式，让读者沉浸其中，达到既能识字又能阅读文章与体会情感的双重目标。

　　现在，就让我们翻开书页，在汉字的奇妙世界中尽情遨游吧！

目录 目錄

传奇人物 / 傳奇人物

王羲之书六角扇 / 王羲之書六角扇 2

唐太宗纳谏 / 唐太宗納諫 7

范仲淹有志于天下 / 范仲淹有志於天下 12

岳飞大破"拐子马" / 岳飛大破"拐子馬" 17

郑板桥开仓济民 / 鄭板橋開倉濟民 22

经典战事 / 經典戰事

破釜沉舟 / 破釜沉舟 28

四面楚歌 / 四面楚歌 33

望梅止渴 / 望梅止渴 38

唇亡齿寒 / 唇亡齒寒 42

败走华容道 / 敗走華容道 48

远古人杰 / 遠古人杰

黄　帝 / 黄　帝 54
有巢氏 / 有巢氏 58
尧 / 堯 63
舜 / 舜 69
禹 / 禹 75

远古神话 / 遠古神話

共工触山 / 共工觸山 82
刑天舞干戚 / 刑天舞干戚 88
夸父逐日 / 夸父逐日 92
女娲造人 / 女媧造人 97
女娲补天 / 女媧補天 101

传奇人物

傳奇人物

王羲之书六角扇

[唐]房玄龄 等

（羲之）又尝在蕺山①见一老姥②，持六角竹扇卖之。羲之书其扇，各为五字。姥初有愠③色。因谓姥曰："但言是王右军④书，以求百钱邪。"姥如其言，人竞⑤买之。他日姥又持扇来，羲之笑而不答。

——《晋书·王羲之传》

王羲之書六角扇

[唐]房玄齡 等

（羲之）又嘗在蕺山①見一老姥②，持六角竹扇賣之。羲之書其扇，各爲五字。姥初有愠③色。因謂姥曰："但言是王右軍④書，以求百錢邪。"姥如其言，人競⑤買之。他日姥又持扇來，羲之笑而不答。

——《晉書·王羲之傳》

汉字变变变 ∞ 漢字變變變

篆书	隶书	草书	规范楷书
篆書	隸書	草書	規範楷書

扇(篆) 扇(隶) 扇(草) → 扇

汉字小游戏 ∞ 漢字小游戲

羽 = 扇 (shàn)　扇子 / 扇子

户 + 口 = 启 (qǐ)　开启 / 開啓

户 + 方 = 房 (fáng)　房屋 / 房屋

注释 ∞ 注釋

①蕺（jí）山：古地名，今浙江绍兴市。

②姥：老妇人。

③愠（yùn）：生气，怨恨。

④王右军：王羲之，因其曾任右军将军，故人称"王右军"。

⑤竞：争着做某事。

①蕺（jí）山：古地名，今浙江紹興市。

②姥：老婦人。

③愠（yùn）：生氣，怨恨。

④王右軍：王羲之，因其曾任右軍將軍，故人稱"王右軍"。

⑤競：争着做某事。

译文 ∞ 譯文

（王羲之）是东晋的一位大书法家，曾经在蕺山看见一位老妇人拿着六角竹扇在卖。王羲之在她的每把扇子上各题写了五个字。老妇人起初有点儿生气，王羲之就对老妇人说："只要说是王右军写的，凭此可卖到百钱了。"老妇人依照他的话做，人人争着买扇子。过了几天，老妇人又拿着扇子来找王羲之，王羲之笑着没有答话。

（王羲之）是東晋的一位大書法家，曾經在蕺山看見一位老婦人拿着六角竹扇在賣。王羲之在她的每把扇子上各題寫了五個字。老婦人起初有點兒生氣，王羲之就對老婦人說："祇要說是王右軍寫的，憑此可賣到百錢了。"老婦人依照他的話做，人人爭着買扇子。過了幾天，老婦人又拿着扇子來找王羲之，王羲之笑着沒有答話。

赏析 ∞ 赏析

大书法家王羲之为卖扇的老妇人题字，使扇子的价格提升，他的善心善举令人动容。老妇人又拿着扇子来找王羲之，还向王羲之索要题字，就显得有些贪心了。王羲之没有答话，这说明王羲之是一个讲原则的人。

大書法家王羲之爲賣扇的老婦人題字，使扇子的價格提升，他的善心善舉令人動容。老婦人又拿着扇子來找王羲之，還向王羲之索要題字，就顯得有些貪心了。王羲之沒有答話，這說明王羲之是一個講原則的人。

唐太宗纳谏

[唐]吴　兢

太宗有一骏马,特爱之,恒①于宫中养饲,无病而暴死。太宗怒养马宫人,将杀之。皇后谏曰:"昔齐景公以马死杀人,晏子请数②其罪云:'尔养马而死,尔罪一也。使公以马杀人,百姓闻之,必怨吾君,尔罪二也。诸侯闻之,必轻③吾国,尔罪三也。'公乃释罪。陛下尝读书见此事,岂忘之邪④?"太宗意乃解。又谓房玄龄曰:"皇后庶事相启沃,极有利益尔。"

——《贞观政要·任贤》

唐太宗納諫

[唐]吳　兢

太宗有一駿馬,特愛之,恒①于宮中養飼,無病而暴死。太宗怒養馬宮人,將殺之。皇后諫曰:"昔齊景公以馬死殺人,晏子請數②其罪云:'爾養馬而死,爾罪一也。使公以馬殺人,百姓聞之,必怨吾君,爾罪二也。諸侯聞之,必輕③吾國,爾罪三也。'公乃釋罪。陛下嘗讀書見此事,豈忘之邪④?"太宗意乃解。又謂房玄齡曰:"皇后庶事相啓沃,極有利益爾。"

——《貞觀政要·任賢》

汉字变变变 ∞ 漢字變變變

篆书	隶书	草书	规范楷书
篆書	隸書	草書	規範楷書

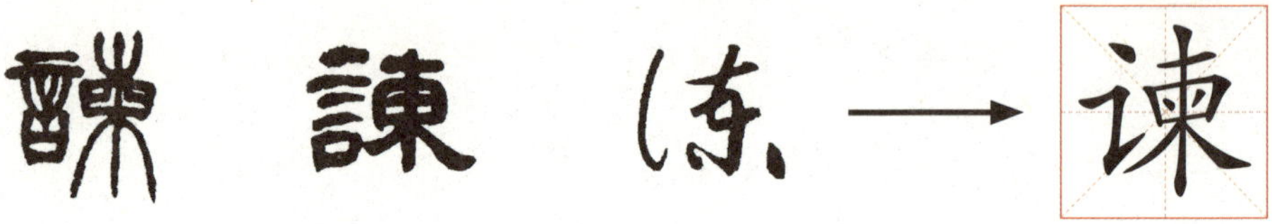

諫 諫 谏 → 谏

汉字小游戏 ∞ 漢字小游戲

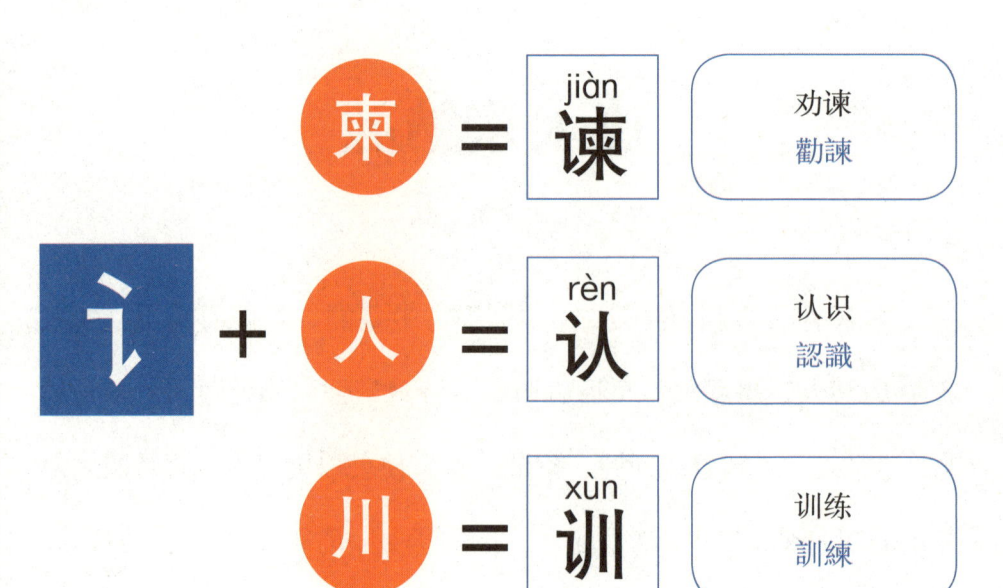

柬 = 谏 (jiàn)　劝谏　勸諫

讠 + 人 = 认 (rèn)　认识　認識

川 = 训 (xùn)　训练　訓練

注释 ∞ 注釋

①恒：平常。

②数：列举（错误）。

③轻：轻视，看不起。

④邪：同"耶"，语气词，相当于"吗"。

①恆：平常。

②數：列舉（錯誤）。

③輕：輕視，看不起。

④邪：同"耶"，語氣詞，相當於"嗎"。

译文 ∞ 譯文

唐太宗有一匹骏马，他非常喜欢它。这匹骏马平常被饲养在宫中，没得病却突然死了。唐太宗对养马宫人非常生气，要杀了他。皇后劝谏说："从前齐景公因为马死要杀人，晏子请求列出养马人的罪状，说：'你养马，马却死了，这是你的第一条罪状。你把马给养死了，使得国君因为马死而杀人，老百姓知道这件事，一定怨恨我们的国君，这是你的第二条罪状。其他诸侯知道这件事，一定看不起我国，这是你的第三条罪状。'齐景公听后便免除了养马人的罪。陛下曾经读书见过这个故事，难道忘了吗？"唐太宗的怒气就消了。他又对房玄龄说："皇后用平常的故事来启发影响我，很有益处啊。"

唐太宗有一匹駿馬，他非常喜歡它。這匹駿馬平常被飼養在宮中，沒得病却突然死了。唐太宗對養馬宮人非常生氣，要殺了他。皇后勸諫説："從前齊景公因爲馬死要殺人，晏子請求列出養馬人的罪狀，説：'你養馬，馬却死了，這是你的第一條罪狀。你把馬給養死了，使得國君因爲馬死而殺人，老百姓知道這件事，一定怨恨我們的國君，這是你的第二條罪狀。其他諸侯知道這件事，一定看不起我國，這是你的第三條罪狀。'齊景公聽後便免除了養馬人的罪。陛下曾經讀書見過這個故事，難道忘了嗎？"唐太宗的怒氣就消了。他又對房玄齡説："皇后用平常的故事來啓發影響我，很有益處啊。"

赏析 ∞ 赏析

位高权重的人如果滥用手中的权力，会害人害己；广开言路、善于纳谏，不仅可以少犯错误，更会使他人少受伤害、事业免受损失。普通人也是这样。人非圣贤，孰能无过？善于听取别人的意见，才能走得远，走得好。

位高權重的人如果濫用手中的權力，會害人害己；廣開言路、善于納諫，不僅可以少犯錯誤，更會使他人少受傷害、事業免受損失。普通人也是這樣。人非聖賢，孰能無過？善于聽取別人的意見，纔能走得遠，走得好。

扫码领取
- 示范朗读
- 专家问答
- 笔画动图本
- 少儿国学课

掃碼領取
- 示範朗讀
- 專家問答
- 筆畫動圖本
- 少兒國學課

范仲淹有志于天下

[宋]朱 熹

范仲淹二岁而孤①,母贫无依,再适②长山朱氏。既长,知其世家,感泣辞母,去之南都入学舍。昼夜苦学,五年未尝解衣就寝。或夜昏怠,辄以水沃面。往往饘③粥不充,日昃④始食,遂大通六经之旨⑤,慨然有志于天下。常自诵曰:当先天下之忧而忧,后天下之乐而乐。

——《宋名臣言行录》

范仲淹有志于天下

[宋]朱 熹

范仲淹二歲而孤①,母貧無依,再適②長山朱氏。既長,知其世家,感泣辭母,去之南都入學舍。晝夜苦學,五年未嘗解衣就寢。或夜昏怠,輒以水沃面。往往饘③粥不充,日昃④始食,遂大通六經之旨⑤,慨然有志於天下。常自誦曰:當先天下之憂而憂,後天下之樂而樂。

——《宋名臣言行錄》

汉字变变变 ∞ 漢字變變變

篆书	隶书	草书	规范楷书
篆書	隸書	草書	規範楷書

仲 仲 仲 → 仲

汉字小游戏 ∞ 漢字小游戲

氾 = 范 (fàn)　范本、示范　範本、示範

艹 + 亡 = 芒 (máng)　光芒、芒种　光芒、芒種

艹 + 之 = 芝 (zhī)　灵芝　靈芝

注释 ∞ 註釋

①孤：幼年失去父亲。

②适：出嫁。

③饘（zhān）：稠的粥。

④昃（zè）：日偏西。

⑤旨：意义，宗旨。

①孤：幼年失去父親。

②適：出嫁。

③饘（zhān）：稠的粥。

④昃（zè）：日偏西。

⑤旨：意義，宗旨。

译文 ∞ 譯文

范仲淹两岁时失去父亲,母亲贫穷无依无靠,又嫁给长山姓朱的人。范仲淹长大以后知道了自己的身世,感动得流了泪,辞别母亲,离开家乡去南都,进入学舍读书。他白天、晚上都刻苦读书,五年里不曾脱下衣服睡觉,有时夜晚昏沉困倦,就用冷水洗脸。他常常连稠粥也吃不上,直到太阳偏西才吃点儿东西。终于,他精通了六部经典著作的宗旨,有慷慨兼济天下的抱负。他常常自己吟诵:应当在天下人忧愁之前先忧愁,在天下人享乐之后再享乐。

范仲淹兩歲時失去父親,母親貧窮無依無靠,又嫁給長山姓朱的人。范仲淹長大以後知道了自己的身世,感動得流了泪,辭別母親,離開家鄉去南都,進入學舍讀書。他白天、晚上都刻苦讀書,五年裏不曾脫下衣服睡覺,有時夜晚昏沉困倦,就用冷水洗臉。他常常連稠粥也吃不上,直到太陽偏西才吃點兒東西。終於,他精通了六部經典著作的宗旨,有慷慨兼濟天下的抱負。他常常自己吟誦:應當在天下人憂愁之前先憂愁,在天下人享樂之後再享樂。

赏析 ∞ 賞析

学习的外部条件并不是决定成败的必然因素，若要学有所得，必须下一番苦功。

學習的外部條件并不是決定成敗的必然因素，若要學有所得，必須下一番苦功。

扫码领取
- 示范朗读
- 专家问答
- 笔画动图本
- 少儿国学课

掃碼領取
- 示範朗讀
- 專家問答
- 筆畫動圖本
- 少兒國學課

岳飞大破"拐子马"

[明]陈邦瞻

初，兀术①有劲军，皆重铠，贯以韦索②，三人为联，号"拐子马"，官军不敢当。是役也，以万五千骑来，飞戒步卒以麻札刀入阵，勿仰视，第③砍马足。拐子马相连，一马仆，二马不能行。官军奋击，遂大破之。兀术大恸④曰："自海上起兵，皆以此胜，今已矣！"

——《宋史纪事本末》

岳飛大破"拐子馬"

[明]陳邦瞻

初，兀術①有勁軍，皆重鎧，貫以韋索②，三人爲聯，號"拐子馬"，官軍不敢當。是役也，以萬五千騎來，飛戒步卒以麻札刀入陣，勿仰視，第③砍馬足。拐子馬相連，一馬仆，二馬不能行。官軍奮擊，遂大破之。兀術大慟④曰："自海上起兵，皆以此勝，今已矣！"

——《宋史紀事本末》

汉字变变变 ∞ 漢字變變變

篆书	隶书	草书	规范楷书
篆書	隸書	草書	規範楷書

破 破 → 破

汉字小游戏 ∞ 漢字小游戲

丘 = 岳(yuè) 五岳 / 五岳

山 + 朋 = 崩(bēng) 山崩地裂 / 山崩地裂

山 + 宗 = 崇(chóng) 崇敬 / 崇敬

注释 ∞ 注釋

①兀术（wù zhú）：本名完颜宗弼，女真人，金朝大将，俗称金兀术。

②韦索：牛皮绳。

③第：只管。

④恸（tòng）：极度悲痛。

①兀术（wù zhú）：本名完顏宗弼，女真人，金朝大將，俗稱金兀术。

②韋索：牛皮繩。

③第：祇管。

④慟（tòng）：極度悲痛。

译文 ∞ 譯文

起初，兀术有精锐军队，都穿着厚重的铠甲，用牛皮绳连接，三人一组，号称"拐子马"，宋朝官兵都不敢抵挡。这场战役（指1140年郾城之战），兀术率领一万五千骑兵来侵犯，岳飞告诫步兵用麻札刀杀入敌阵，不要仰头看，只管砍马的脚。拐子马连在一起，一匹马跌倒，其余两匹马就不能前进。官兵奋力攻击，大破兀术的军队。兀术极度悲痛地说："从海上发动战争开始，都是凭借这种方法获胜，现在完了！"

起初，兀术有精銳軍隊，都穿着厚重的鎧甲，用牛皮繩連接，三人一組，號稱"拐子馬"，宋朝官兵都不敢抵擋。這場戰役（指1140年郾城之戰），兀术率領一萬五千騎兵來侵犯，岳飛告誡步兵用麻札刀殺入敵陣，不要仰頭看，衹管砍馬的腳。拐子馬連在一起，一匹馬跌倒，其餘兩匹馬就不能前進。官兵奮力攻擊，大破兀术的軍隊。兀术極度悲痛地說："從海上發動戰爭開始，都是憑藉這種方法獲勝，現在完了！"

赏析 ∞ 赏析

这个故事启示我们,战胜劲敌,贵在用智。找出敌人的短板,是克敌制胜的良策。

這個故事啟示我們,戰勝勁敵,貴在用智。找出敵人的短板,是克敵制勝的良策。

扫码领取
- 示范朗读
- 专家问答
- 笔画动图本
- 少儿国学课

掃碼領取
- 示範朗讀
- 專家問答
- 筆畫動圖本
- 少兒國學課

郑板桥开仓济民

[清末民初] 赵尔巽

郑燮，号板桥，清乾隆元年进士，以画竹、兰为长。……迁①潍县，值②岁荒，人相食，燮开仓赈济③。或④阻之，燮曰："此何时，若辗转申报，民岂得活乎？上有谴⑤，我任之。"即发谷与民，活万余人。去任之日，父老沿途送之。

——《清史稿·郑燮传》

鄭板橋開倉濟民

[清末民初] 趙爾巽

鄭燮，號板橋，清乾隆元年進士，以畫竹、蘭爲長。……遷①濰縣，值②歲荒，人相食，燮開倉賑濟③。或④阻之，燮曰："此何時，若輾轉申報，民豈得活乎？上有譴⑤，我任之。"即發穀與民，活萬餘人。去任之日，父老沿途送之。

——《清史稿·鄭燮傳》

汉字变变变 ∞ 漢字變變變

篆书	隶书	草书	规范楷书
篆書	隸書	草書	規範楷書

燮　燮　变　→　燮

汉字小游戏 ∞ 漢字小游戲

见 = 观 (guān) 　观察 / 觀察

又 + 戈 = 戏 (xì) 　游戏 / 游戲

欠 = 欢 (huān) 　喜欢 / 喜歡

传奇人物 ◆ 傳奇人物

注释 ∞ 注釋

①迁：官职调动。

②值：遇到。

③赈（zhèn）济：用财物救济。

④或：有的人。

⑤谴：谴责、责备。

①遷：官職調動。

②值：遇到。

③賑（zhèn）濟：用財物救濟。

④或：有的人。

⑤譴：譴責、責備。

译文 ∞ 譯文

郑燮，号板桥，是清朝乾隆元年的进士，画竹和兰是他的长处。……他被调到潍县做官，遇到荒年，到了人吃人的地步。郑燮打开官仓发放粮食来赈济灾民，有人阻止他，郑燮说："这都什么时候了，如果一级级向上申报，百姓怎么能够活命？皇上怪罪下来，我承担所有罪名。"他命令人打开粮仓，把谷物发放给百姓，救活一万多人。离任的时候，父老乡亲沿路为他送行。

鄭燮，號板橋，是清朝乾隆元年的進士，畫竹和蘭是他的長處。……他被調到濰縣做官，遇到荒年，到了人吃人的地步。鄭燮打開官倉發放糧食來賑濟灾民，有人阻止他，鄭燮説："這都什麽時候了，如果一級級向上申報，百姓怎麽能够活命？皇上怪罪下來，我承擔所有罪名。"他命令人打開糧倉，把穀物發放給百姓，救活一萬多人。離任的時候，父老鄉親沿路爲他送行。

赏析 ∞ 賞析

郑板桥把百姓安危放在第一位，甘愿冒着被处罚的风险，表现出了果敢无畏的处事作风。百姓对他感恩戴德，称他清正廉明、爱民如子，一时传为佳话。

鄭板橋把百姓安危放在第一位，甘願冒著被處罰的風險，表現出了果敢無畏的處事作風。百姓對他感恩戴德，稱他清正廉明、愛民如子，一時傳爲佳話。

扫码领取
- 示范朗读
- 专家问答
- 笔画动图本
- 少儿国学课

掃碼領取
- 示範朗讀
- 專家問答
- 筆畫動圖本
- 少兒國學課

经典战事

經典戰事

破釜沉舟

[汉]司马迁

项羽已杀卿子冠军①,威震楚国,名闻诸侯。乃遣当阳君、蒲将军将卒二万渡河,救巨鹿②。战少利,陈余复请兵。项羽乃悉引兵渡河,皆沉船,破釜甑③,烧庐舍,持三日粮,以示士卒必死,无一还心。于是至则围王离,与秦军遇,九战,绝其甬道④,大破之,杀苏角,虏王离。

——《史记·项羽本纪》

破釜寫簡

[漢]司馬遷

項羽已殺卿子冠軍①,威震楚國,名聞諸侯。乃遣當陽君、蒲將軍將卒二萬渡河,救巨鹿②。戰少利,陳餘復請兵。項羽乃悉引兵渡河,皆沉船,破釜甑③,燒廬舍,持三日糧,以示士卒必死,無一還心。于是至則圍王離,與秦軍遇,九戰,絕其甬道④,大破之,殺蘇角,虜王離。

——《史記·項羽本紀》

汉字变变变 ∞ 漢字變變變

篆书	隶书	草书	规范楷书
篆書	隸書	草書	規範楷書

破 破 → 破

汉字小游戏 ∞ 漢字小游戲

石 + 皮 = 破(pò) 破坏 / 破壞

石 + 马 = 码(mǎ) 数码 / 數碼

石 + 开 = 研(yán) 研究 / 研究

注释 ∞ 注釋

①卿子冠军：名宋义，曾是楚的上将军，对救赵的态度犹疑，被项羽杀死。

②巨鹿：郡名，今河北省平乡以北及晋州一带。

③釜甑（fǔ zèng）：炊具。釜，锅。甑，陶制的蒸饭用具。

④甬（yǒng）道：两旁有墙或其他障蔽物的驰道或通道。

①卿子冠軍：名宋義，曾是楚的上將軍，對救趙的態度猶疑，被項羽殺死。

②巨鹿：郡名，今河北省平鄉以北及晉州一帶。

③釜甑（fǔ zèng）：炊具。釜，鍋。甑，陶制的蒸飯用具。

④甬（yǒng）道：兩旁有牆或其他障蔽物的馳道或通道。

译文 ∞ 譯文

项羽诛杀卿子冠军后，威震楚国，名扬诸侯。于是派遣当阳君、蒲将军率领两万士兵渡过漳河，援救巨鹿。战争取得小小的胜利，陈余又来请求增兵。项羽就率领全部军队渡过漳河，凿沉渡船，砸破锅碗，烧毁军营，带上三天的干粮，以此向士卒表示一定要决死战斗，毫无退还之心。于是部队抵达前线，就包围了王离，与秦军相遇，多次交战，断绝了秦军的通道，大败秦军，杀死了苏角，俘虏了王离。

項羽誅殺卿子冠軍後，威震楚國，名揚諸侯。于是派遣當陽君、蒲將軍率領兩萬士兵渡過漳河，援救巨鹿。戰爭取得小小的勝利，陳餘又來請求增兵。項羽就率領全部軍隊渡過漳河，鑿沉渡船，砸破鍋碗，燒毀軍營，帶上三天的乾糧，以此向士卒表示一定要決死戰鬥，毫無退還之心。于是部隊抵達前綫，就包圍了王離，與秦軍相遇，多次交戰，斷絕了秦軍的通道，大敗秦軍，殺死了蘇角，俘虜了王離。

赏析 ∞ 赏析

项羽为激励士兵勇往直前，凿沉渡船，砸破锅碗，烧毁军营，只带够吃三天的粮，一往无前，屡战屡胜。可见，在强敌面前，决心和勇气绝不可少。不能忽略的是项羽在破釜沉舟之前已派两位将军渡河作战，应已掌握秦军情况，并非简单的猛打猛冲。这说明，智勇双全才是取胜的关键。

項羽爲激勵士兵勇往直前，鑿沉渡船，砸破鍋碗，燒毀軍營，祇帶够吃三天的糧，一往無前，屢戰屢勝。可見，在强敵面前，決心和勇氣絕不可少。不能忽略的是項羽在破釜沉舟之前已派兩位將軍渡河作戰，應已掌握秦軍情況，并非簡單的猛打猛衝。這說明，智勇雙全才是取勝的關鍵。

扫码领取
- ✓ 示范朗读
- ✓ 专家问答
- ✓ 笔画动图本
- ✓ 少儿国学课

掃碼領取
- ✓ 示範朗讀
- ✓ 專家問答
- ✓ 筆畫動圖本
- ✓ 少兒國學課

四面楚歌

[汉]司马迁

项王军壁①垓下②,兵少食尽,汉军③及诸侯④兵围之数重。夜闻汉军四面皆楚歌⑤,项王乃大惊,曰:"皆已得楚乎?是⑥何楚人之多也!"

——《史记·项羽本纪》

四面楚歌

[漢]司馬遷

項王軍壁①垓下②,兵少食盡,漢軍③及諸侯④兵圍之數重。夜聞漢軍四面皆楚歌⑤,項王乃大驚,曰:"皆已得楚乎?是⑥何楚人之多也!"

——《史記·項羽本紀》

识繁写简 识简写繁（历史故事、神话故事卷）◆ 識繁寫簡 識簡寫繁（歷史故事、神話故事卷）

汉字变变变 ∞ 漢字變變變

篆书	隶书	草书	规范楷书
篆書	隸書	草書	規範楷書

楚　楚　楚　→　楚

汉字小游戏 ∞ 漢字小游戲

疋 + 林 = 楚（chǔ）　清楚 / 清楚

疋 + 月 = 胥（xū）　万事胥备 / 萬事胥備

疋 + 虫 = 蛋（dàn）　鸡蛋 / 鷄蛋

34

注释 ∞ 注釋

①壁：驻扎。

②垓（gāi）下：古地名，在今安徽省灵璧县东南。

③汉军：刘邦的军队。

④诸侯：指淮阴侯韩信、建成侯彭越等。

⑤楚歌：楚人之歌，用楚国方言土语唱的歌。

⑥是：这，这个。

①壁：駐扎。

②垓（gāi）下：古地名，在今安徽省靈璧縣東南。

③漢軍：劉邦的軍隊。

④諸侯：指淮陰侯韓信、建成侯彭越等。

⑤楚歌：楚人之歌，用楚國方言土語唱的歌。

⑥是：這，這個。

译文 ∞ 譯文

项羽的军队驻扎在垓下，士兵很少，粮食也没有了，被刘邦的军队和韩信、彭越的军队围了好几层。项羽在深夜听到四面的汉军都唱起了楚人的歌曲，大惊失色，说："汉军都已经取得楚地了吗？这楚国人为什么如此之多！"

項羽的軍隊駐扎在垓下，士兵很少，糧食也沒有了，被劉邦的軍隊和韓信、彭越的軍隊圍了好幾層。項羽在深夜聽到四面的漢軍都唱起了楚人的歌曲，大驚失色，說："漢軍都已經取得楚地了嗎？這楚國人爲什麼如此之多！"

赏析 ∞ 赏析

楚汉相争,项羽被刘邦围困于垓下,刘邦命军士大唱楚歌,项羽军士思乡心切,无心恋战,最终大败,项羽乌江自刎。后来人们用"四面楚歌"来形容四面受敌,处于孤立危急的困境。

在我们的人生历程中,要好好做人,脚踏实地做事,若是行差踏错,就可能遭受"四面楚歌"的厄运了。

楚漢相爭,項羽被劉邦圍困於垓下,劉邦命軍士大唱楚歌,項羽軍士思鄉心切,無心戀戰,最終大敗,項羽烏江自刎。後來人們用"四面楚歌"來形容四面受敵,處於孤立危急的困境。

在我們的人生歷程中,要好好做人,腳踏實地做事,若是行差踏錯,就可能遭受"四面楚歌"的厄運了。

扫码领取
- 示范朗读
- 专家问答
- 笔画动图本
- 少儿国学课

掃碼領取
- 示範朗讀
- 專家問答
- 筆畫動圖本
- 少兒國學課

望梅止渴

[南北朝]刘义庆

魏武①行役,失汲②道,三军皆渴,乃令曰:"前有大梅林,饶子,甘酸,可以解渴。"士卒闻之,口皆出水,乘③此得及前源。

——《世说新语·假谲》

望梅止渴

[南北朝]劉義慶

魏武①行役,失汲②道,三軍皆渴,乃令曰:"前有大梅林,饒子,甘酸,可以解渴。"士卒聞之,口皆出水,乘③此得及前源。

——《世說新語·假譎》

汉字变变变 ∞ 漢字變變變

篆书	隶书	草书	规范楷书
篆書	隸書	草書	規範楷書

梅 梅 梅 → 梅

汉字小游戏 ∞ 漢字小游戲

木 + 每 = 梅 (méi) — 梅花 / 梅花

木 + 卜 = 朴 (pǔ) — 朴素 / 樸素

木 + 土 = 杜 (dù) — 杜鹃 / 杜鵑

注释 ∞ 注釋

①魏武：魏武帝，曹操。

②汲（jí）：取水。

③乘：趁，就着。

①魏武：魏武帝，曹操。

②汲（jí）：取水。

③乘：趁，就着。

译文 ∞ 譯文

曹操行军途中，找不到取水的路，士兵们都非常口渴，于是他传令道："前边有一大片梅子林，结了很多果子，又酸又甜，可以用来解渴。"士兵们听到这个消息，嘴里都流出口水，曹操军队趁着这个机会得以赶到前方水源。

曹操行軍途中，找不到取水的路，士兵們都非常口渴，于是他傳令道："前邊有一大片梅子林，結了很多果子，又酸又甜，可以用來解渴。"士兵們聽到這個消息，嘴裏都流出口水，曹操軍隊趁着這個機會得以趕到前方水源。

赏析 ∞ 赏析

行军途中，找不到水源，是三军将士面临的重大问题。曹操谎称前方有一大片梅林，果子很多，又甜又酸可以解渴。一句话让将士们出现了条件反射，他们口舌生津，获得力量，走出困境，找到水源。这体现了曹操的足智多谋。

行軍途中，找不到水源，是三軍將士面臨的重大問題。曹操謊稱前方有一大片梅林，果子很多，又甜又酸可以解渴。一句話讓將士們出現了條件反射，他們口舌生津，獲得力量，走出困境，找到水源。這體現了曹操的足智多謀。

唇亡齿寒

［春秋］左丘明

晋侯复假道于虞以伐虢①。宫之奇②谏曰："虢，虞之表③也。虢亡，虞必从之。晋不可启，寇不可翫④。一之谓甚，其⑤可再⑥乎？谚所谓'辅车相依⑦，唇亡齿寒'者，其虞虢之谓也。"

——《左传·僖公五年》

唇亡齒寒

［春秋］左丘明

晉侯復假道於虞以伐虢①。宮之奇②諫曰："虢，虞之表③也。虢亡，虞必從之。晉不可啟，寇不可翫④。一之謂甚，其⑤可再⑥乎？諺所謂'輔車相依⑦，唇亡齒寒'者，其虞虢之謂也。"

——《左傳·僖公五年》

汉字变变变 ∞ 漢字變變變

篆书	隶书	草书	规范楷书
篆書	隸書	草書	規範楷書

唇 → 唇

汉字小游戏 ∞ 漢字小游戲

口 = 唇 (chún) 嘴唇 / 嘴唇

辰 + 寸 = 辱 (rǔ) 屈辱 / 屈辱

虫 = 蜃 (shèn) 海市蜃楼 / 海市蜃樓

注释 ∞ 注釋

①晋侯复假道于虞以伐虢：晋献公又向虞国借道攻打虢国。晋侯，指晋献公。假道，借路。虞（yú）：周代国名，在今山西平陆县一带。虢（guó）：周代国名，又名北虢，在今山西平陆县境内。

②宫之奇：虞国的大夫。

③表：外面，这里指屏障。

④寇不可翫（wán）：对外来的敌人不能放松警惕。寇，指外敌。翫，习惯而不留心，放松警惕。

⑤其：岂，难道，表反诘语气的助词。

⑥再：第二次。

⑦辅车相依：面颊和牙床骨互相依存。辅，面颊。车，牙床骨。

①晉侯復假道于虞以伐虢：晉獻公又向虞國借道攻打虢國。晉侯，指晉獻公。假道，借路。虞（yú）：周代國名，在今山西平陸縣一帶。虢（guó）：周代國名，又名北虢，在今山西平陸縣境內。

②宮之奇：虞國的大夫。

③表：外面，這裏指屏障。

④寇不可翫（wán）：對外來的敵人不能放鬆警惕。寇，指外敵。翫，習慣而不留心，放鬆警惕。

⑤其：豈，難道，表反詰語氣的助詞。

⑥再：第二次。

⑦輔車相依：面頰和牙床骨互相依存。輔，面頰。車，牙床骨。

译文 ∞ 譯文

晋献公又向虞国借道攻打虢国。宫之奇进谏说:"虢国是虞国的屏障。虢国灭亡,虞国一定跟着它灭亡。对晋国不可引发它的贪心,对入侵之敌不可轻视疏忽。一次借路已经是过分,岂可第二次借路给它?俗话所说的'面颊和牙床骨互相依存,嘴唇没有了牙齿就要受凉',这正好比虞、虢两国的关系。"

晋獻公又向虞國借道攻打虢國。宫之奇進諫說:"虢國是虞國的屏障。虢國滅亡,虞國一定跟着它滅亡。對晋國不可引發它的貪心,對入侵之敵不可輕視疏忽。一次借路已經是過分,豈可第二次借路給它?俗話所說的'面頰和牙床骨互相依存,嘴唇沒有了牙齒就要受凉',這正好比虞、虢兩國的關係。"

赏析 ∞ 赏析

春秋时期，晋国是个大国，虞国、虢国都是小国。晋早有吞并虞、虢之心。宫之奇清醒地认识到虞、虢这两个唇齿相依的近邻，只有团结一致，相互支援，共同提防和抵御晋国的进攻，才能保全自己的国家。可惜，虞公并没有听取宫之奇的进谏，执着于借道于晋，最终被晋国所灭。"辅车相依，唇亡齿寒"是一句至理名言，也是惨痛的历史教训。

春秋時期，晉國是個大國，虞國、虢國都是小國。晉早有吞并虞、虢之心。宮之奇清醒地認識到虞、虢這兩個唇齒相依的近鄰，祇有團結一致，相互支援，共同提防和抵禦晉國的進攻，才能保全自己的國家。可惜，虞公并沒有聽取宮之奇的進諫，執着于借道于晉，最終被晉國所滅。"輔車相依，唇亡齒寒"是一句至理名言，也是慘痛的歷史教訓。

败走华容道

[晋] 陈 寿

公船舰为备所烧,引军从华容道步归,遇泥泞,道不通,天又大风,悉使羸兵①负草填之,骑乃得过。羸兵为人马所蹈藉②,陷泥中,死者甚众。军既得出,公大喜,诸将问之,公曰:"刘备,吾俦③也。但得计少晚;向使④早放火,吾徒无类矣。"备寻⑤亦放火而无所及。

——《三国志·魏书》

敗走華容道

[晋] 陳 壽

公船艦爲備所燒,引軍從華容道步歸,遇泥濘,道不通,天又大風,悉使羸兵①負草填之,騎乃得過。羸兵爲人馬所蹈藉②,陷泥中,死者甚衆。軍既得出,公大喜,諸將問之,公曰:"劉備,吾儔③也。但得計少晚;向使④早放火,吾徒無類矣。"備尋⑤亦放火而無所及。

——《三國志·魏書》

汉字变变变 ∞ 漢字變變變

篆书	隶书	草书	规范楷书
篆書	隸書	草書	規範楷書

容 容 容 → 容

汉字小游戏 ∞ 漢字小游戲

谷 = róng 容 包容 / 包容

宀 + 木 = sòng 宋 宋朝 / 宋朝

宀 + 牛 = láo 牢 牢固 / 牢固

注释 ∽ 注釋

①羸（léi）兵：老弱残兵。

②蹈藉：践踏。

③俦（chóu）：对手。

④向使：假使。

⑤寻：不多时。

①羸（léi）兵：老弱殘兵。

②蹈藉：踐踏。

③儔（chóu）：對手。

④向使：假使。

⑤尋：不多時。

译文 ∞ 譯文

曹操的船舰被刘备烧毁，他引领军队从华容道撤退，路上遇到了泥泞，道路不通畅，又刮起了大风，全靠老弱残兵背着草填在路上，骑兵才得以通过。老弱残兵被骑兵践踏，陷于泥中，死者很多。军队出了华容道后，曹操非常高兴，将领们问他为什么，曹操说："刘备是我的对手。他只是得到计策稍稍晚了些；假使刘备早些放火，我们这边一个人也活不了啊！"不多时，刘备也放起了火，但是无法伤及曹军。

曹操的船艦被劉備燒毀，他引領軍隊從華容道撤退，路上遇到了泥濘，道路不通暢，又刮起了大風，全靠老弱殘兵背着草填在路上，騎兵才得以通過。老弱殘兵被騎兵踐踏，陷于泥中，死者很多。軍隊出了華容道後，曹操非常高興，將領們問他爲什麽，曹操説："劉備是我的對手。他祇是得到計策稍稍晚了些；假使劉備早些放火，我們這邊一個人也活不了啊！"不多時，劉備也放起了火，但是無法傷及曹軍。

赏析 ∞ 赏析

曹操在赤壁大战中遭遇惨败，从华容道撤兵又遇到了多重困难，但他不顾一切，决不放弃。逃出险境后，曹操大喜不已，面对凶险，仍能乐观以对，显示出大将风范和英雄气度。

曹操在赤壁大戰中遭遇慘敗，從華容道撤兵又遇到了多重困難，但他不顧一切，決不放棄。逃出險境後，曹操大喜不已，面對凶險，仍能樂觀以對，顯示出大將風範和英雄氣度。

扫码领取
- 示范朗读
- 专家问答
- 笔画动图本
- 少儿国学课

掃碼領取
- 示範朗讀
- 專家問答
- 筆畫動圖本
- 少兒國學課

远古人杰

遠古人杰

黄　帝

[汉] 司马迁

　　黄帝者，少典之子，姓公孙，名曰①轩辕。生而神灵②，弱而能言，幼③而徇齐④，长而敦敏⑤，成而聪明。

——《史记·五帝本纪》

黃　帝

[漢] 司馬遷

　　黃帝者，少典之子，姓公孫，名曰①軒轅。生而神靈②，弱而能言，幼③而徇齊④，長而敦敏⑤，成而聰明。

——《史記·五帝本紀》

汉字变变变 ∞ 漢字變變變

篆书	隶书	草书	规范楷书
篆書	隸書	草書	規範楷書

帝 → 帝 → 帝 → 帝

汉字小游戏 ∞ 漢字小游戲

占 = 帖 (tiè)　字帖 / 字帖

巾 + 只 = 帜 (zhì)　旗帜 / 旗幟

白 = 帕 (pà)　手帕 / 手帕

注释 ∞ 注釋

①曰：叫。

②神灵：神异灵敏。

③幼：幼年。

④徇齐：智虑敏捷。

⑤敦敏：笃实勤勉。

①曰：叫。

②神靈：神异靈敏。

③幼：幼年。

④徇齊：智慮敏捷。

⑤敦敏：篤實勤勉。

译文 ∞ 譯文

黄帝，是少典部族的子孙，姓公孙，名叫轩辕。他一生下来就很神异灵敏，出生不久就会说话，幼年时智虑敏捷，长大后笃实勤勉，成年以后明察事理。

黄帝，是少典部族的子孫，姓公孫，名叫軒轅。他一生下來就很神异靈敏，出生不久就會說話，幼年時智慮敏捷，長大後篤實勤勉，成年以後明察事理。

赏析 ∞ 賞析

黄帝，中国古代部落联盟首领。据记载，黄帝在位期间，播百谷草木，大力发展生产，始制衣冠、建舟车、制音律、作《黄帝内经》等。

黄帝，中國古代部落聯盟首領。據記載，黄帝在位期間，播百穀草木，大力發展生産，始製衣冠、建舟車、製音律、作《黄帝內經》等。

有巢氏

[战国] 韩　非

上古之世，人民少而禽兽众，人民不胜①禽兽虫蛇。有圣人②作③，构木为巢，以避群害，而民说④之，使王天下，号之曰"有巢氏"⑤。

——《韩非子·五蠹》

有巢氏

[戰國] 韓　非

上古之世，人民少而禽獸衆，人民不勝①禽獸蟲蛇。有聖人②作③，構木爲巢，以避群害，而民説④之，使王天下，號之曰"有巢氏"⑤。

——《韓非子·五蠹》

汉字变变变 ∞ 漢字變變變

篆书	隶书	草书	规范楷书
篆書	隸書	草書	規範楷書

巢 巢 巢 → 巢

汉字小游戏 ∞ 漢字小游戲

巛 = 巢 (cháo)　鸟巢 / 鳥巢

果 + 页 = 颗 (kē)　颗粒 / 顆粒

果 + 木 = 棵 (kē)　一棵树 / 一棵樹

注释 ∞ 注釋

①胜：能承受。

②圣人：指品德最高尚、智慧最高超的人。

③作：出现。

④说：同"悦"，高兴。

⑤有巢氏：中国古代神话中发明巢居的英雄，也称"大巢氏"。

①勝：能承受。

②聖人：指品德最高尚、智慧最高超的人。

③作：出現。

④説：同"悦"，高興。

⑤有巢氏：中國古代神話中發明巢居的英雄，也稱"大巢氏"。

译文 ∞ 譯文

在远古时代，人口稀少但鸟兽众多，人们不能承受禽兽蛇虫等野生动物的侵害。这时出现了一位品德最高尚、智慧最高超的人，他在树上架起木头，搭成像鸟巢一样的住处，用来避免各种禽兽的侵害。人们很高兴，让他来做天下的王，称他为"有巢氏"。

在遠古時代，人口稀少但鳥獸衆多，人們不能承受禽獸蛇蟲等野生動物的侵害。這時出現了一位品德最高尚、智慧最高超的人，他在樹上架起木頭，搭成像鳥巢一樣的住處，用來避免各種禽獸的侵害。人們很高興，讓他來做天下的王，稱他爲"有巢氏"。

赏析 ∞ 赏析

有巢氏模仿飞鸟筑巢，为人类自身居住带来了便利，这就是创新。多观察生活中事物的特点，尝试模仿运用到实际问题中，锻炼一下创新思维吧。

有巢氏模仿飛鳥築巢，爲人類自身居住帶來了便利，這就是創新。多觀察生活中事物的特點，嘗試模仿運用到實際問題中，鍛煉一下創新思維吧。

尧

[汉]司马迁

帝尧①者，放勋。其仁如天，其知②如神。就③之如日，望之如云。富而不骄，贵而不舒④。黄收⑤纯⑥衣，彤车乘白马。能明驯德⑦，以亲九族。九族既睦，便章百姓⑧。百姓昭明，合和⑨万国。

——《史记·五帝本纪》

堯

[漢]司馬遷

帝堯①者，放勛。其仁如天，其知②如神。就③之如日，望之如雲。富而不驕，貴而不舒④。黃收⑤純⑥衣，彤車乘白馬。能明馴德⑦，以親九族。九族既睦，便章百姓⑧。百姓昭明，合和⑨萬國。

——《史記·五帝本紀》

汉字变变变 ∞ 漢字變變變

篆书	隶书	草书	规范楷书
篆書	隸書	草書	規範楷書

尧　堯　尧　→　尧

汉字小游戏 ∞ 漢字小游戲

尧 + 氵 = 浇 (jiāo)　　浇水 / 澆水

尧 + 亻 = 侥 (jiǎo)　　侥幸 / 僥幸

尧 + 饣 = 饶 (ráo)　　饶恕 / 饒恕

注释 ∞ 注釋

①尧：姬姓，名放勋。谥号为尧，史称唐尧、帝尧、大尧。

②知：同"智"，智慧。

③就：接近。

④舒：放纵。

⑤收：古代的一种帽子。

⑥纯：同"缁（zī）"，黑色的丝织物。

⑦驯德：善德，指有善德的人。驯，善。

⑧便（biàn）章百姓：明确划分百官的职责。便章，即"辨章"，辨别清楚。百姓，古代对贵族的总称，指百官。

⑨合和：亲和团结。

①堯：姬姓，名放勛。諡號爲堯，史稱唐堯、帝堯、大堯。

②知：同"智"，智慧。

③就：接近。

④舒：放縱。

⑤收：古代的一種帽子。

⑥純：同"緇（zī）"，黑色的絲織物。

⑦馴德：善德，指有善德的人。馴，善。

⑧便（biàn）章百姓：明確劃分百官的職責。便章，即"辨章"，辨別清楚。百姓，古代對貴族的總稱，指百官。

⑨合和：親和團結。

译文 ∞ 譯文

帝尧，名叫放勋。他的仁德像天一样浩大无边，他的智慧像神一样深广莫测。接近他如太阳般温暖，仰望他如云彩般绚烂。他富有而不骄傲，尊贵而不放纵。他戴着黄色的冠冕，穿着黑色的衣服，乘坐红色的车子，驾着白色的马。他能弘扬顺从的美德，把各个部族团结得亲密无间。各个部族已经亲密无间了，他又明确划分百官的职责。百官各尽其职，也亲和团结了天下诸侯。

帝堯，名叫放勋。他的仁德像天一樣浩大無邊，他的智慧像神一樣深廣莫測。接近他如太陽般溫暖，仰望他如雲彩般絢爛。他富有而不驕傲，尊貴而不放縱。他戴着黃色的冠冕，穿着黑色的衣服，乘坐紅色的車子，駕着白色的馬。他能弘揚順從的美德，把各個部族團結得親密無間。各個部族已經親密無間了，他又明確劃分百官的職責。百官各盡其職，也親和團結了天下諸侯。

赏析 ∞ 赏析

司马迁以富有文采的笔墨赞美了尧的仪态与功勋,表达了对尧的景仰与讴歌。

司馬遷以富有文采的筆墨贊美了堯的儀態與功勳,表達了對堯的景仰與謳歌。

舜

[汉] 司马迁

舜①耕历山，历山之人皆让畔②；渔雷泽，雷泽上人皆让居；陶河滨，河滨器皆不苦窳③。一年而所居成聚④，二年成邑⑤，三年成都⑥。尧乃赐舜絺衣⑦，与琴，为筑仓廪⑧，予牛羊。

——《史记·五帝本纪》

舜

[漢] 司馬遷

舜①耕歷山，歷山之人皆讓畔②；漁雷澤，雷澤上人皆讓居；陶河濱，河濱器皆不苦窳③。一年而所居成聚④，二年成邑⑤，三年成都⑥。堯乃賜舜絺衣⑦，與琴，爲築倉廩⑧，予牛羊。

——《史記·五帝本紀》

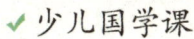

汉字变变变 ∞ 漢字變變變

篆书	隶书	草书	规范楷书
篆書	隸書	草書	規範楷書

舜 → 舜

汉字小游戏 ∞ 漢字小游戲

舜 + 目 = 瞬 (shùn)

瞬间
瞬間

注释 ∞ 注釋

①舜：传说中的上古帝王。

②让畔：古代传说由于圣王的德化，种田人互相谦让，在田界处让对方多占有土地。后遂用"让畔"作称颂君王德政的典故。

③窳（yǔ）：（事物）恶劣，粗劣。

④聚：村落。

⑤邑（yì）：小镇。

⑥都：都市。

⑦绨（chī）衣：细葛布做的衣服。绨，古代指细葛布。

⑧仓廪（lǐn）：贮藏米谷的仓库。

①舜：傳說中的上古帝王。

②讓畔：古代傳說由于聖王的德化，種田人互相謙讓，在田界處讓對方多占有土地。後遂用"讓畔"作稱頌君王德政的典故。

③窳（yǔ）：（事物）惡劣，粗劣。

④聚：村落。

⑤邑（yì）：小鎮。

⑥都：都市。

⑦絺（chī）衣：細葛布做的衣服。絺，古代指細葛布。

⑧倉廩（lǐn）：貯藏米穀的倉庫。

译文 ∞ 譯文

舜在历山耕种，历山的人都主动避让土地的界限；他在雷泽捕鱼，雷泽的人都互相谦让居住的地方；他在河滨制陶，在那里的陶器没有不好的。一年后他所居住的地方成了村落，两年后成了一个小镇，三年后就成了一个都市。尧知道后就赐予舜细葛布做的衣服，给他一把琴，为他修筑了贮藏米谷的仓库，还赐给他牛羊。

舜在歷山耕種，歷山的人都主動避讓土地的界限；他在雷澤捕魚，雷澤的人都互相謙讓居住的地方；他在河濱制陶，在那裏的陶器沒有不好的。一年後他所居住的地方成了村落，兩年後成了一個小鎮，三年後就成了一個都市。堯知道後就賜予舜細葛布做的衣服，給他一把琴，爲他修築了貯藏米穀的倉庫，還賜給他牛羊。

赏析 ∞ 赏析

舜无论到哪里，都以自己的德行和仁爱感化众人。在他的感化下，历山上的人不再强抢土地；雷泽上捕鱼的人学会了谦让；黄河边的人学会了做精致的陶器。追随他的人越来越多，三年后他居住的地方就聚集成了都市。舜的故事告诉我们要做一个有德行的人。

舜無論到哪裏，都以自己的德行和仁愛感化衆人。在他的感化下，歷山上的人不再強搶土地；雷澤上捕魚的人學會了謙讓；黄河邊的人學會了做精緻的陶器。追隨他的人越來越多，三年後他居住的地方就聚集成了都市。舜的故事告訴我們要做一個有德行的人。

禹

洪水滔天①，鲧②窃帝之息壤③以堙④洪水，不待帝命。帝令祝融杀鲧于羽郊⑤。鲧复⑥生禹。帝乃命禹卒⑦布土⑧，以定九州。

——《山海经·海内经》

禹

洪水滔天①，鯀②竊帝之息壤③以堙④洪水，不待帝命。帝令祝融殺鯀于羽郊⑤。鯀復⑥生禹。帝乃命禹卒⑦布土⑧，以定九州。

——《山海經·海內經》

汉字变变变 ∞ 漢字變變變

篆书	隶书	草书	规范楷书
篆書	隸書	草書	規範楷書

禹 → 禹

汉字小游戏 ∞ 漢字小游戲

尸 = 属（shǔ） 属于 / 屬於

禹 + 足 = 踽（jǔ） 踽踽独行 / 踽踽獨行

齿 = 龋（qǔ） 龋齿 / 齲齒

识繁写简 识简写繁（历史故事、神话故事卷）◆ 識繁寫簡 識簡寫繁（歷史故事、神話故事卷）

76

注释 ∞ 注釋

①滔天：弥漫天际，形容水势极大。

②鲧（gǔn）：古代人名，传说是夏禹的父亲。

③息壤：也叫息土，传说中一种能够不断自我生长、永不耗减的土壤。

④堙（yīn）：堵塞。

⑤羽郊：羽山之郊。

⑥复：通"腹"。

⑦卒：最终。

⑧布土：区分规划疆土。布，同"敷"，铺陈，即陈设、布置。

①滔天：彌漫天際，形容水勢極大。

②鯀（gǔn）：古代人名，傳說是夏禹的父親。

③息壤：也叫息土，傳說中一種能夠不斷自我生長、永不耗減的土壤。

④堙（yīn）：堵塞。

⑤羽郊：羽山之郊。

⑥復：通"腹"。

⑦卒：最終。

⑧布土：區分規劃疆土。布，同"敷"，鋪陳，即陳設、布置。

译文 ∞ 譯文

大水漫上天际，鲧盗取了天帝的息壤来堵塞洪水，违抗了天帝的命令。天帝让祝融在羽山近郊杀死鲧。鲧的部落里分出了禹氏族，天帝就命令禹率部下铺填土壤平治洪水来安定九州。

大水漫上天際，鯀盜取了天帝的息壤來堵塞洪水，違抗了天帝的命令。天帝讓祝融在羽山近郊殺死鯀。鯀的部落裏分出了禹氏族，天帝就命令禹率部下鋪填土壤平治洪水來安定九州。

赏析 ∞ 赏析

在治水过程中，禹依靠艰苦奋斗、因势利导、科学治水、以人为本的理念，克服重重困难，终于取得了治水的成功。这体现了禹公而忘私、民族至上、民为邦本、科学创新的精神。

在治水過程中，禹依靠艱苦奮鬥、因勢利導、科學治水、以人爲本的理念，克服重重困難，終于取得了治水的成功。這體現了禹公而忘私、民族至上、民爲邦本、科學創新的精神。

远古神话

遠古神話

共工触山

[汉] 刘安 等

昔者①共工②与颛顼③争为帝，怒而触④不周之山⑤，天柱折，地维绝⑥。天倾西北，故日月星辰移焉⑦；地不满东南，故水潦⑧尘埃⑨归焉。

——《淮南子·文天训》

共工觸山

[漢] 劉安 等

昔者①共工②與顓頊③爭爲帝，怒而觸④不周之山⑤，天柱折，地維絕⑥。天傾西北，故日月星辰移焉⑦；地不滿東南，故水潦⑧塵埃⑨歸焉。

——《淮南子·文天訓》

汉字变变变 ∞ 漢字變變變

篆书	隶书	草书	规范楷书
篆書	隸書	草書	規範楷書

芇 → 共 → 艹 → 共

汉字小游戏 ∞ 漢字小游戲

共 + 氵 = 洪 (hóng) —— 洪水 / 洪水

共 + 口 = 哄 (hōng) —— 哄堂大笑 / 哄堂大笑

共 + 火 = 烘 (hōng) —— 烘干 / 烘乾

83 远古神话 ◆ 遠古神話

注释 ∽ 註釋

①昔者：从前。

②共工：传说中的部落领袖，水神，炎帝的后裔。

③颛顼（zhuān xū）：传说中的五帝之一，华夏部落首领黄帝的后裔。

④触：碰，撞。

⑤不周之山：山名，传说在昆仑西北，《淮南子》载："大荒之隅，有山而不合，名曰不周。"

⑥天柱折，地维绝：支撑天的柱子折断了，挂地的绳子也弄断了。古人认为天圆地方，有八根柱子支撑，四根大绳系挂。维，绳子。绝，断。

⑦焉：文中译为"这，这里"。

⑧水潦（lǎo）：泛指江湖。潦，积水。

⑨尘埃：尘土、沙子，这里泛指泥沙。

①昔者：從前。

②共工：傳説中的部落領袖，水神，炎帝的後裔。

③顓頊（zhuān xū）：傳説中的五帝之一，華夏部落首領黃帝的後裔。

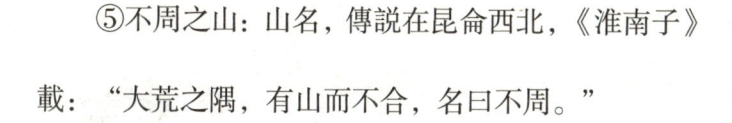

④觸：碰，撞。

⑤不周之山：山名，傳説在昆侖西北，《淮南子》載："大荒之隅，有山而不合，名曰不周。"

⑥天柱折，地維絕：支撐天的柱子折斷了，挂地的繩子也弄斷了。古人認爲天圓地方，有八根柱子支撐，四根大繩繫挂。維，繩子。絕，斷。

⑦焉：文中譯爲"這，這裏"。

⑧水潦（lǎo）：泛指江湖。潦，積水。

⑨塵埃：塵土、沙子，這裏泛指泥沙。

译文 ∞ 譯文

从前，共工和颛顼争着做天帝，共工发怒撞不周山，支撑天的柱子折断了，系着大地的绳子也弄断了。于是，天向西北方向倾斜，所以日月星辰都移向西北方向；大地的东南角塌陷了，所以江湖泥沙流向东南方向。

從前，共工和顓頊爭着做天帝，共工發怒撞不周山，支撐天的柱子折斷了，繫着大地的繩子也弄斷了。于是，天向西北方向傾斜，所以日月星辰都移向西北方向；大地的東南角塌陷了，所以江湖泥沙流向東南方向。

赏析 ∞ 赏析

事实上，地球自转是自西向东的，所以日月星辰会自东向西转动；我国的地形是西北高东南低的，所以江湖泥沙会向东南方向流动。远古时的人类不明白，便通过大胆的想象猜想其成因，形成了流传久远的神话故事。

事實上，地球自轉是自西向東的，所以日月星辰會自東向西轉動；我國的地形是西北高東南低的，所以江湖泥沙會向東南方向流動。遠古時的人類不明白，便通過大膽的想象猜想其成因，形成了流傳久遠的神話故事。

刑天舞干戚

刑天①与帝②争神。帝断其首,葬③之常羊之山。乃④以乳为目,以脐为口,操⑤干戚⑥以舞⑦。

——《山海经·海外西经》

刑天舞干戚

刑天①與帝②爭神。帝斷其首,葬③之常羊之山。乃④以乳爲目,以臍爲口,操⑤干戚⑥以舞⑦。

——《山海經·海外西經》

汉字变变变 ∞ 漢字變變變

篆书	隶书	草书	规范楷书
篆書	隸書	草書	規範楷書

形 → 刑 → 而 → 刑

汉字小游戏 ∞ 漢字小游戲

刂 = 刑 (xíng) 刑罚 / 刑罰

开 + 彡 = 形 (xíng) 形状 / 形狀

阝 = 邢 (xíng) 姓邢 / 姓邢

远古神话 ◆ 遠古神話

注释 ∞ 注釋

①刑天：炎帝手下的一员猛将。

②帝：黄帝，华夏部落首领。

③葬：埋葬。

④乃：竟然。

⑤操：手持，拿着。

⑥干戚：盾和斧头。干，盾。戚，斧头。

⑦舞：挥舞。

①刑天：炎帝手下的一員猛將。

②帝：黃帝，華夏部落首領。

③葬：埋葬。

④乃：竟然。

⑤操：手持，拿着。

⑥干戚：盾和斧頭。干，盾。戚，斧頭。

⑦舞：揮舞。

译文 ∞ 譯文

刑天帮助炎帝去和黄帝争夺天神的位子，黄帝最终战胜了刑天，然后砍了他的头，把他的头埋葬在常羊山。刑天竟然把自己的乳头当作眼睛，把肚脐当作嘴巴，拿着盾和斧头挥舞。

刑天幫助炎帝去和黃帝爭奪天神的位子，黃帝最終戰勝了刑天，然後砍了他的頭，把他的頭埋葬在常羊山。刑天竟然把自己的乳頭當作眼睛，把肚臍當作嘴巴，拿著盾和斧頭揮舞。

赏析 ∞ 賞析

刑天为了帮助炎帝跟黄帝对战，虽然实力不敌对手，但是毫不妥协。这体现出刑天执着、不达目的不罢休的精神。

刑天爲了幫助炎帝跟黃帝對戰，雖然實力不敵對手，但是毫不妥協。這體現出刑天執著、不達目的不罷休的精神。

夸父逐日

夸父与日逐走①，入日，渴，欲得饮，饮于河、渭②；河、渭不足，北饮大泽。未至，道渴而死。弃③其杖，化为邓林④。

——《山海经·海外北经》

夸父逐日

夸父與日逐走①，入日，渴，欲得飲，飲于河、渭②；河、渭不足，北飲大澤。未至，道渴而死。弃③其杖，化爲鄧林④。

——《山海經·海外北經》

汉字变变变 ∞ 漢字變變變

篆书	隶书	草书	规范楷书
篆書	隸書	草書	規範楷書

夸 夸 夸 → 夸

汉字小游戏 ∞ 漢字小游戲

夸 + 足 = 跨 (kuà)　跨越 / 跨越

夸 + 土 = 垮 (kuǎ)　垮台 / 垮臺

夸 + 扌 = 挎 (kuà)　挎包 / 挎包

注释 ∞ 注釋

①逐走：赛跑。

②河、渭：黄河、渭水。

③弃：遗弃。

④邓林：桃林。

①逐走：賽跑。

②河、渭：黃河、渭水。

③弃：遺弃。

④鄧林：桃林。

译文 ∞ 譯文

夸父与太阳赛跑，一直追赶到太阳落下的地方。他感到非常口渴，想要喝水，就到黄河、渭水边喝水；黄河、渭水的水喝完了，就到北方的大湖喝水。还没赶到大湖，他就在半路上渴死了。他遗弃在路边的手杖，化成了一片桃林。

夸父與太陽賽跑，一直追趕到太陽落下的地方。他感到非常口渴，想要喝水，就到黃河、渭水邊喝水；黃河、渭水的水喝完了，就到北方的大湖喝水。還沒趕到大湖，他就在半路上渴死了。他遺棄在路邊的手杖，化成了一片桃林。

赏析 ∞ 赏析

夸父身上这种永不言弃、勇敢追求的精神值得我们学习。此外,夸父逐日的故事反映了中国古代先民了解自然、战胜自然的愿望。

夸父身上這種永不言棄、勇敢追求的精神值得我們學習。此外,夸父逐日的故事反映了中國古代先民瞭解自然、戰勝自然的願望。

女娲造人

[宋]李　昉

天地开辟，未有①人民，女娲抟②黄土作人。剧务③，力不暇④供，乃引⑤绳于泥中，举以为人。

——《太平御览·皇王部》

女媧造人

[宋]李　昉

天地開闢，未有①人民，女媧摶②黃土作人。劇務③，力不暇④供，乃引⑤繩于泥中，舉以爲人。

——《太平御覽·皇王部》

汉字变变变 ∞ 漢字變變變

篆书	隶书	草书	规范楷书
篆書	隸書	草書	規範楷書

造 造 造 → 造

汉字小游戏 ∞ 漢字小游戲

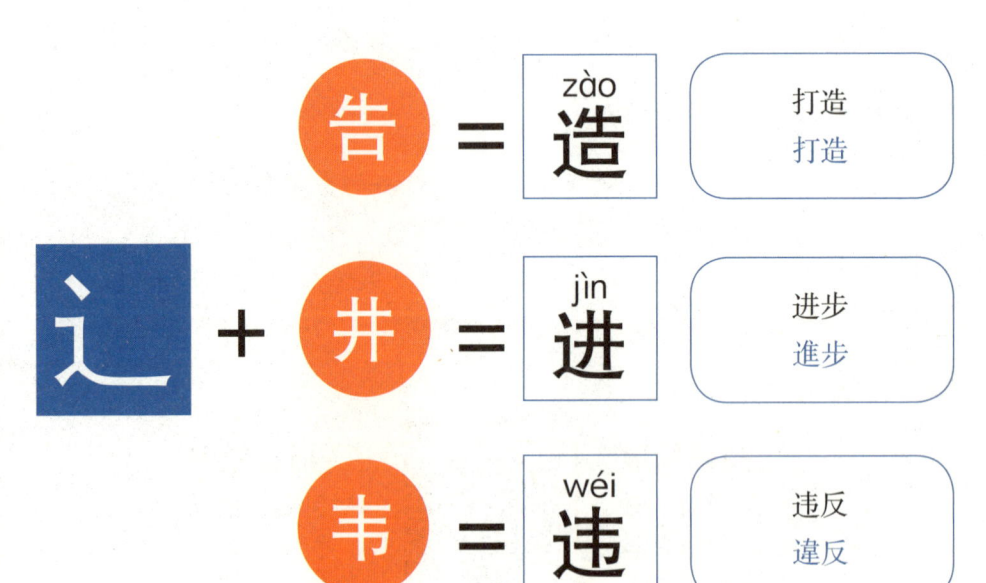

告 = 造(zào)　打造 / 打造

辶 + 井 = 进(jìn)　进步 / 進步

韦 = 违(wéi)　违反 / 違反

注释 ∞ 注釋

①未有：没有。

②抟（tuán）：把某种东西揉成圆形。

③剧务：工作量十分繁重。

④暇：空闲。

⑤引：牵，拉。

①未有：没有。

②摶（tuán）：把某種東西揉成圓形。

③劇務：工作量十分繁重。

④暇：空閑。

⑤引：牽，拉。

远古神话 ◆ 遠古神話

译文 ∞ 譯文

天地刚从混沌分开的时候，大地上没有人类，女娲把黄土揉成团造了人。但是工作量十分繁重，她竭尽全力还是忙不过来，就拿了绳子放入泥浆中，举起绳子一甩，洒落的泥点变成了一个个人。

天地剛從混沌分開的時候，大地上沒有人類，女媧把黃土揉成團造了人。但是工作量十分繁重，她竭盡全力還是忙不過來，就拿了繩子放入泥漿中，舉起繩子一甩，灑落的泥點變成了一個個人。

赏析 ∞ 賞析

绳子甩落的泥点都是不一样的，就像现实中的人长相、性格各不相同。不同的人有不同的故事，所以世界才如此丰富多彩。

繩子甩落的泥點都是不一樣的，就像現實中的人長相、性格各不相同。不同的人有不同的故事，所以世界才如此豐富多彩。

女娲补天

[汉]刘安 等

往古之时，四极①废②，九州裂③，天不兼覆④，地不周载⑤；火爁焱⑥而不灭，水浩洋而不息；猛兽食颛⑦民，鸷鸟⑧攫⑨老弱。于是女娲炼五色石以补苍天，断鳌足以立四极，杀黑龙以济冀州，积芦灰以止淫水⑩。苍天补，四极正；淫水涸，冀州平；狡虫死，颛民生。

——《淮南子·览冥训》

女媧補天

[漢]劉安 等

往古之時，四極①廢②，九州裂③，天不兼覆④，地不周載⑤；火爁焱⑥而不滅，水浩洋而不息；猛獸食顓⑦民，鷙鳥⑧攫⑨老弱。於是女媧煉五色石以補蒼天，斷鼇足以立四極，殺黑龍以濟冀州，積蘆灰以止淫水⑩。蒼天補，四極正；淫水涸，冀州平；狡蟲死，顓民生。

——《淮南子·覽冥訓》

汉字变变变 ∞ 漢字變變變

篆书	隶书	草书	规范楷书
篆書	隸書	草書	規範楷書

→ 冀

汉字小游戏 ∞ 漢字小游戲

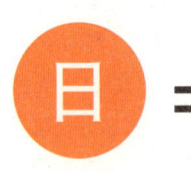

日 = 旨（zhǐ）　宗旨 / 宗旨

匕 + 页 = 顷（qǐng）　顷刻 / 頃刻

是 = 匙（shi）　钥匙 / 鑰匙

注释 ∞ 注釋

①四极：古代神话传说中四方的擎天柱。

②废：废除。这里意为倾倒。

③裂：裂开。

④兼覆：普遍地覆盖万物。

⑤周载：全面地容载万物。

⑥爁（làn）焱（yàn）：火势蔓延。

⑦颛（zhuān）：善良。

⑧鸷（zhì）鸟：凶猛的鸟。

⑨攫（jué）：抓取。

⑩淫水：泛滥的洪水。

①四極：古代神話傳說中四方的擎天柱。

②廢：廢除。這裏意爲傾倒。

③裂：裂開。

④兼覆：普遍地覆蓋萬物。

⑤周載：全面地容載萬物。

⑥爁（làn）焱（yàn）：火勢蔓延。

⑦顓（zhuān）：善良。

⑧鷙（zhì）鳥：兇猛的鳥。

⑨攫（jué）：抓取。

⑩淫水：泛濫的洪水。

译文 ∞ 譯文

远古的时候，支撑天地四方的四根柱子倒了，大地裂开；天不能普遍地覆盖万物，地不能全面地容载万物；大火不断蔓延而不熄灭，洪水泛滥成灾而不停止；凶猛的野兽吞噬善良的百姓，凶猛的鸟用爪抓取老人和小孩。于是，女娲冶炼五色石来修补苍天的漏洞，砍断巨龟的脚来做撑起四方的擎天柱，杀死黑龙来拯救冀州，用芦灰来堵塞洪水。天空得以修补，天地四方的柱子重新竖立起来；洪水退去，冀州平安了；凶猛的害虫都死了，善良的百姓生存下来。

遠古的時候，支撐天地四方的四根柱子倒了，大地裂開；天不能普遍地覆蓋萬物，地不能全面地容載萬物；大火不斷蔓延而不熄滅，洪水泛濫成災而不停止；兇猛的野獸吞噬善良的百姓，兇猛的鳥用爪抓取老人和小孩。于是，女媧冶煉五色石來修補蒼天的漏洞，砍斷巨龜的腳來做撐起四方的擎天柱，殺死黑龍來拯救冀州，用蘆灰來堵塞洪水。天空得以修補，天地四方的柱子重新竖立起來；洪水退去，冀州平安了；兇猛的害蟲都死了，善良的百姓生存下來。

赏析 ∞ 赏析

女娲补天表达了劳动人民立志征服自然、改造自然的愿望，赞美了女娲改造天地的雄伟气魄和不屈不挠的大无畏的斗争精神。

女媧補天表達了勞動人民立志征服自然、改造自然的願望，贊美了女媧改造天地的雄偉氣魄和不屈不撓的大無畏的鬥争精神。

扫码领取
- 示范朗读
- 专家问答
- 笔画动图本
- 少儿国学课

掃碼領取
- 示範朗讀
- 專家問答
- 筆畫動圖本
- 少兒國學課